NAJLEPSZY PRZEWODNIK DO OPANOWANIA BITCOINA I KRYPTOWALUT

SWOBODNIE HANDLUJ I INWESTUJ W KRYPTOWALUTY

WAYNE WALKER

Spis Treści

Wprowadzenie

G ratuluję Ci posiadania osobistego egzemplarza *Najlepszego Przewodnika Do Opanowania Bitcoina i Kryptowalut.* Rozpoczynamy naszą podróż od świata walut emitowanych przez rząd do kryptowalut. Pięć pierwszych rozdziałów zawiera solidne wprowadzenie do świata kryptowalut, gdzie zapoznasz się z szerokim zakresem tematów, od blockchaina po wydobywanie walut cyfrowych. Uzyskasz również szerokie i dogłębne zrozumienie mechanizmów stojących za jedną z najpopularniejszych kryptowalut. W pozostałych rozdziałach nacisk zostanie przesunięty na praktyczne zastosowania tej wiedzy w tradingu. Zapoznasz się ze strategiami tradingowymi oraz uzyskasz wiedzę jak je zastosować. Dowiesz się również jak wykorzystywać praktyczne wskaźniki analizy technicznej, które mogą zwiększyć Twoje możliwości zarabiania pieniędzy. Obejmuje to często pomijany obszar psychologii traderów. Rozdziały te są bonusem dla wszelkiej maści traderów. Dziękujemy za wybranie tej książki!

Uwaga: W całej książce słowa "cyfrowy", "krypto" oraz "kryptowaluta" będą używane zamiennie.

ROZDZIAŁ 1:
Czym jest Bitcoin (BTC)?

Bitcoin to zdecentralizowana waluta cyfrowa (aktywo cyfrowe). Nie są to akcje, aktywa materialne ani rzeczywista moneta. Żaden rząd nie jest jego właścicielem. Możesz szybko przelać pieniądze bez pośrednictwa rządów lub banków za niewielką opłatą. W swojej podstawowej formie jest to duży arkusz kalkulacyjny, bezpieczna publiczna księga rachunkowa. Przed pojawieniem się pieniędzy, istniały księgi rachunkowe. W ten sposób prymitywne społeczeństwa śledziły, kto co miał i co zrobił. Kryptowaluty, jak twierdzi wiele osób, są naturalną ewolucją w historii pieniądza, od wymiany barterowej do monet, następnie pieniądza papierowego i w końcu do cyfrowego.

Co z Bezpieczeństwem?

Jak bezpieczne to jest? A co, jeśli ktoś lub jakaś grupa włamała się do księgi? Nawet jeśli 40-49% zostałoby zhakowane, większość osób wciąż miałaby prawidłowe informacje (księga jest zdecentralizowana). Tak długo, jak większość ksiąg się zgadza, transakcja jest ważna. Jeśli jakiś podmiot próbowałby przeprowadzić 51% (większościowy) atak, należy mieć świadomość, że przeprowadzenie ataku tej wielkości wymagałoby funduszy rzędu 500 milionów dolarów. Ponadto atak tej wielkości zostałby stosunkowo szybko zauważony przez sieć.

Klucze i Portfele

Istnieje tajny klucz prywatny i publiczny klucz weryfikacyjny. Klucz prywatny zapewnia dostęp do konta. Klucz publiczny służy do wysyłania lub odbierania pieniędzy, chyba że masz klucz prywatny, którym nie możesz wysłać środków. Twój "portfel" zawiera Twój klucz prywatny. Portfel Bitcoin jest luźnym odpowiednikiem portfela fizycznego. Twój portfel pokazuje również Twoje transakcje w księdze.

Dlaczego Bitcoin (BTC)?

Przesyłanie pieniędzy lub rozliczanie transakcji jest drogie i uciążliwe. Istnieją przeszkody w postaci marż walutowych, podatków, opłat bankowych i długości realizacji transakcji. Średnia opłata za przelew zagraniczny w Stanach Zjednoczonych i innych krajach jest wysoka. Od głównych księgowych w korporacjach po emigrantów, którzy chcą wysłać pieniądze swoim krewnym, wszyscy nie lubią tradycyjnych opłat za przelewy. Dzięki Bitcoinowi pieniądze mogą być przesyłane za symboliczną opłatą. Może to pomóc miliardom osób, które nie mają dostępu do usług bankowych. Jest to również dobra opcja dla osób cierpiących z powodu wysokiej inflacji i kontroli walutowej w krajach (w momencie pisania), takich jak Wenezuela, Zimbabwe, itp.

Podstawowa Transakcja BTC

A. Sara chce wysłać Filipowi 20 bitcoinów

B. Sara ma 100 bitcoinów

C. Sara przygotowuje "transakcję" i wysyła ją do łańcucha bloków (blockchaina)*

D. Wystarczająca liczba "górników" potwierdza, że transakcje w bloku* są legalne. Filip decyduje, jak wielu potwierdzeń potrzebuje. Nawet jeśli kilku górników nie jest godnych zaufania, większość z nich będzie, więc możemy wierzyć, że transakcja między nimi jest ważna.

E. Bitcoiny zostają przesłane.

- *Łańcuch Bloków (Blockchain): **Publiczny** rejestr/księga transakcji Bitcoin

- *Blok: To <u>zapis w łańcuchu bloków</u>, który zawiera i potwierdza oczekujące transakcje

Zwolennicy BTC

Lista osób pozytywnie oceniających Bitcoin obejmuje wpływowe nazwiska, takie jak Bill Gates, Richard Branson i Peter Thiel. Inni zwolennicy to inwestorzy dostarczający kapitału wysokiego ryzyka (VC) i startupy Bitcoin, którzy wspólnie do tej pory zainwestowali ponad 1 miliard dolarów amerykańskich. Innym przykładem jest BitAngels, grupa inwestorów skupiona na Bitcoinie, która chce pomóc startupom wejść na szczyt.

Niektóre z głównych firm rozważających lub już akceptujących płatności w Bitcoinie to Subway, Wordpress, Virgin Galactic, Reddit, Wikipedia, Shopify, OKCupid, Amazon, PayPal oraz eBay. To tylko mała porcja z całości. Dla właścicieli małych firm tworzy to nową pulę potencjalnych klientów.

Historia Bitcoina (Szybka Wersja)

Satoshi Nakamoto: Co Wiemy?

- Autor białej księgi i oryginalnego oprogramowania Bitcoin
- Nie jest to prawdziwe imię. Prawdziwa tożsamość jest nieznana, może to być: on, ona lub oni/podmiot prawny
- Rzadko słyszany od 2010 roku
- Posiada wiele bitcoinów z wczesnych faz wydobycia

Historia

Lata 2009-2011: Entuzjasta forów rozpowszechniający pomysły, ale bez realnego uznania. Blok Genesis powstał 3 stycznia 2009 roku.

Lata 2012-13: Pierwsze zainteresowanie inwestorów, ryzykantów, przedsiębiorców.

Lata 2013-2014: Pierwsze inwestycje dużych inwestorów VC.

Rok 2015: Poważnie zaczyna inwestować Wall Street oraz instytucje.

Lata 2016-Obecnie: Na rynku pojawia się spora liczba tak zwanych "inwestorów z ulicy".

Wiele "śmierci" Bitcoina

Bitcoin "umarł" już ponad 150 razy. Poniżej znajduje się tylko kilka z szalenie niedokładnych przewidywań upadku Bitcoina.

- 11 sierpnia 2013, "Dlaczego Bitcoin jest Skazany na Niepowodzenie" - moneygeek | $93.43
- 16 listopada 2013, "Bitcoin to Żart" - Business Insider | $433.57
- 4 maja 2017, "Początek Końca Bitcoina" - Daily Reckoning | $1541.90
- 12 lipca 2017, "Akceptacja Bitcoinów jest praktycznie zerowa i maleje" - Yahoo Finance | $2410.55

Załamania i Kłopoty Bitcoina

- Lata 2011-2013: Wyraźne bańki cenowe i krach

- Luty 2014: Mt. Gox, giełda Bitcoin, złożyła w Tokio wniosek o ogłoszenie upadłości. Firma straciła prawie 750,000 bitcoinów swoich klientów oraz 100,000 własnych, o wartości około 473 milionów dolarów w momencie zgłoszenia. Firma Mt. Gox uważa, że bitcoiny zostały skradzione i obwiniła hakerów.

Sugestia: Zawsze sprawdzaj firmę, *jednakże* uważaj też na wykorzystanie wyników jednej prywatnej firmy do oceny całej branży.

Anonimowość w Bitcoinie?

Bitcoin **nie** jest w 100% anonimowy, adresy są kluczami publicznymi. Adresy nie są jednak powiązane z Twoją rzeczywistą tożsamością. Aby stworzyć nową tożsamość, po prostu utwórz nowy klucz publiczny, co nazywa się pseudonimizacją.

Kryptowaluty oparte na Blockchainie są publicznie i trwale identyfikowalne, każda kryptowaluta ma swoją historię i możesz zobaczyć wszystkie poprzednie transakcje. Prawdziwa anonimowość wymaga pseudonimowości i niemożności powiązania. Innymi słowy, różne transakcje tego samego użytkownika z siecią nie powinny być ze sobą połączone. Bez anonimowości prywatność jest znacznie gorsza niż tradycyjna bankowość!

Brak Powiązań

W przypadku braku możliwości powiązania trudno jest powiązać różne adresy tego samego użytkownika. Trudno jest również połączyć różne transakcje tego samego użytkownika i powiązać nadawcę płatności z jej odbiorcą. Dlaczego jest to potrzebne? Wiele usług związanych z Bitcoinem wymaga prawdziwej tożsamości. Na przykład portfele i giełdy online, niektóre regulowane, przechowują zapisy, które nie pozwalają Ci na anonimowość w tychże usługach.

ROZDZIAŁ 2:

Mechanika Bitcoina

Understanding a bitcoin transaction
HOW BLOCKCHAIN TECHNOLOGY POWERS BITCOIN

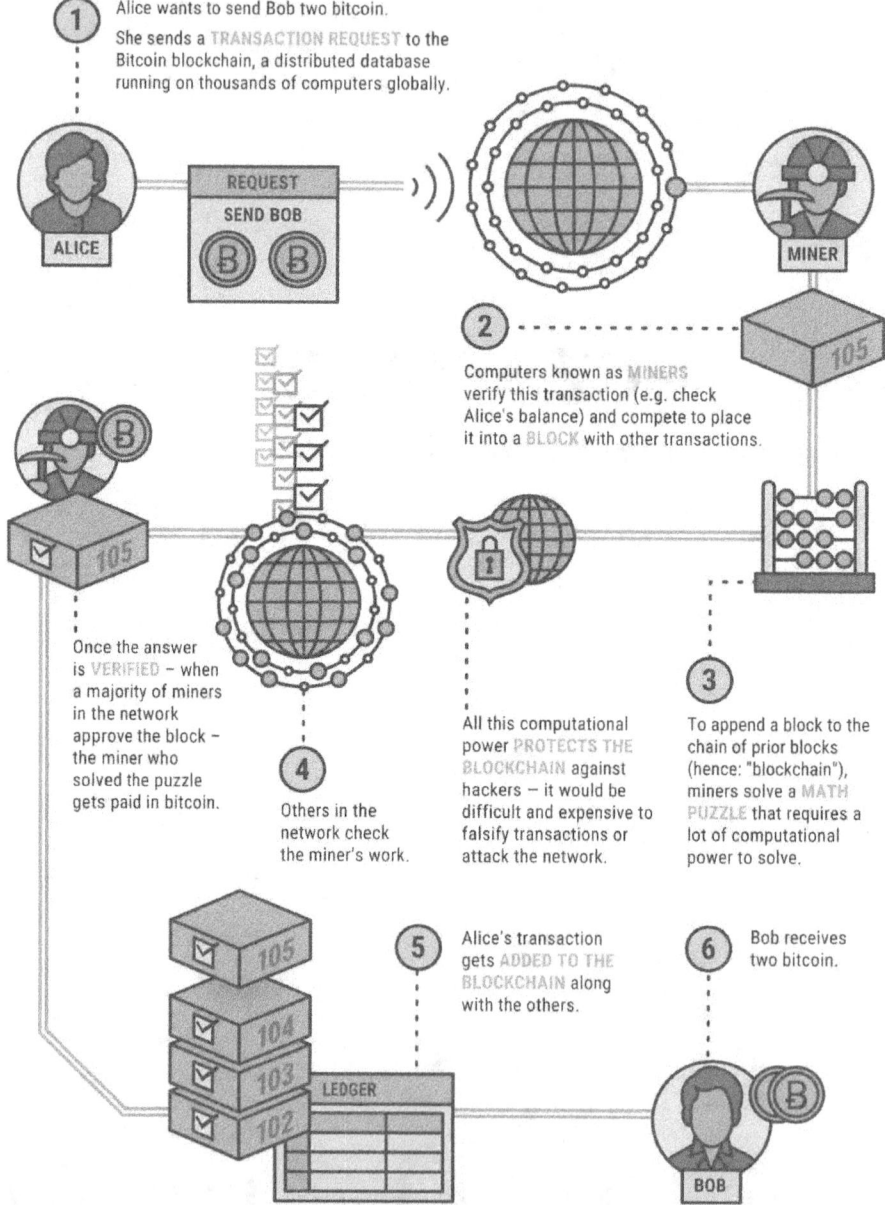

1 Alice wants to send Bob two bitcoin.

She sends a TRANSACTION REQUEST to the Bitcoin blockchain, a distributed database running on thousands of computers globally.

REQUEST
SEND BOB

ALICE

MINER

105

2 Computers known as MINERS verify this transaction (e.g. check Alice's balance) and compete to place it into a BLOCK with other transactions.

105

Once the answer is VERIFIED – when a majority of miners in the network approve the block – the miner who solved the puzzle gets paid in bitcoin.

4 Others in the network check the miner's work.

All this computational power PROTECTS THE BLOCKCHAIN against hackers — it would be difficult and expensive to falsify transactions or attack the network.

3 To append a block to the chain of prior blocks (hence: "blockchain"), miners solve a MATH PUZZLE that requires a lot of computational power to solve.

5 Alice's transaction gets ADDED TO THE BLOCKCHAIN along with the others.

6 Bob receives two bitcoin.

105
104
103
102

LEDGER

BOB

Główne Oprogramowanie Bitcoina: Zbiór Zasad Bitcoina

Główne Oprogramowanie Bitcoina jest oprogramowaniem o otwartym kodzie źródłowym (licencja MIT). Open source to oprogramowanie z "kodem źródłowym", który każdy może sprawdzić, zmodyfikować i ulepszyć. Ów "kod źródłowy" to kod, którym programiści mogą manipulować, aby zmienić sposób działania oprogramowania lub programu.

Przechowywanie Bitcoinów

Przyjrzymy się niektórym sposobom przechowywania i śledzenia kryptowalut. Dostępne są opcje przechowywania kryptowalut online (gorące portfele) oraz offline (zimne portfele).

Portfele Programowe – Korzyści/Zagrożenia

Portfel programowy to stosunkowo prosta metoda. Klucz przechowujesz w pliku na komputerze lub telefonie. Jest to wygodne, ale jeśli zgubisz urządzenie, klucz zostanie zgubiony, co oznacza, że stracisz kryptowaluty. Innymi słowy, klucz ten jest tak samo bezpieczny, jak Twoje urządzenie. Jeśli Twoje urządzenie zostanie zhakowane, a klucz wycieknie, najprawdopodobniej Twoje kryptowaluty zostaną skradzione.

Portfele Online – Korzyści/Zagrożenia

Portfel online jest podobny do portfela w formie lokalnego oprogramowania, ale znajduje się w cyberprzestrzeni. Strona przechowuje klucze, a Ty się logujesz, aby uzyskać dostęp do portfela. Jest wygodny, nie wymaga instalacji i działa na wielu urządzeniach. Obawy dotyczące bezpieczeństwa są dobrze znane. Portfel taki jest podatny na atak, jeśli strona zostanie przejęta (wewnętrznie lub zewnętrznie). Pamiętaj, że Twoje klucze prywatne są przechowywane na innym serwerze z tysiącami innych kluczy, co może skutecznie zachęcić hakerów do przeprowadzenia ataku.

Portfele Papierowe i Sprzętowe – Korzyści/Zagrożenia

Portfel papierowy drukuje Twoje klucze publiczne i prywatne na papierze oraz zamyka papier. Bardziej bezpieczny niż odpowiedniki online portfel papierowy może zostać rozdarty, uszkodzony przez wodę, skradziony lub zniszczony na wiele innych sposobów. Ważne jest, aby wykonać wiele jego kopii i przechowywać je w bezpiecznym miejscu.

Portfele sprzętowe to samodzielne urządzenia w kształcie USB, które generują klucze podczas dokonywania transakcji. Muszą być podłączone do Twojego komputera podczas dokonywania transakcji. Portfele są zabezpieczone przed potencjalnym złośliwym oprogramowaniem komputerowym, ponieważ generują klucze prywatne offline na samych urządzeniach. Są wygodne i stosunkowo łatwe w użyciu. Dają możliwość tworzenia kopii zapasowych, a ponadto można je zabezpieczyć hasłem, aby uniknąć kradzieży. Ogólnie rzecz biorąc, portfele sprzętowe są najbezpieczniejszą opcją.

Giełdy Bitcoin

Giełdy akceptują depozyty Bitcoinów (BTC) i walut fiducjarnych ($, €) z obietnicą wypłaty na żądanie. Umożliwiają klientom dokonywanie/otrzymywanie płatności w Bitcoinach, kupowanie/sprzedawanie Bitcoinów za waluty fiducjarne i parowanie kupujących Bitcoina ze sprzedawcami.

Przykład typowej transakcji: Moje konto na giełdzie ma $5000 + 3 BTC. Używam giełdy do zakupu 2 BTC po $1000 każdy, wynik końcowy: Moje konto ma $3000 + 5 BTC.

Regulacje: Banki kontra Giełdy

W tradycyjnych bankach rząd zazwyczaj:

- Nakłada wymagania dotyczące minimalnej rezerwy
- Daje gwarancje na depozyty

W przypadku giełd regulacje różnią się znacznie w zależności od kraju. Jest jednak kilka giełd, które zdobyły zaufanie rynku.

Szczegóły Dotyczące Bitcoina

- Bitcoin składa się ze 100 milionów *Satoshi*

- Łącznie może być tylko 21 milionów Bitcoinów

- 1 MB (megabajt*) na blok, co daje około 7 transakcji na sekundę. Dla porównania, VISA może przetwarzać 2000–10,000 transakcji na sekundę

- *Jeden megabajt to milion bajtów informacji

ROZDZIAŁ 3:
Wydobywanie Bitcoina

Proces wydobywania jest jednym z kluczy do zapobiegania oszustwom. Górnicy potwierdzają autentyczność transakcji Bitcoin zawartych w bloku. Robią to, pobierając odpowiednie dane każdej transakcji i wykorzystując je do rozwiązania zadania matematycznego. Rozwiązanie to jest znane jako "hash", krótszy unikalny ciąg cyfr, który zawiera ważne informacje o transakcji w bloku. Górnicy za swój wysiłek otrzymują w zamian 12.5 kryptowaluty.

Górnicy

Górnicy Bitcoina dołączają do sieci, wypatrują transakcji i weryfikują wszystkie proponowane transakcje. Wypatrują również nowych bloków, utrzymują łańcuch bloków, a kiedy proponowany jest nowy blok, sprawdzają go. Całkowita podaż Bitcoinów wynosi 21 milionów. O ile zasady się nie zmienią, wszystkie zostaną wydobyte w 2040 roku.

Wymagania i Sprzęt Wydobywczy

Wydobywanie wymaga ogromnych ilości energii elektrycznej! Służy do wykonywania obliczeń 24 godziny na dobę, 7 dni w tygodniu, 365 dni w roku. Następne na liście są wysokie wymagania dotyczące chłodzenia, które jest potrzebne do ochrony maszyn. Idealna temperatura w centrach wydobywczych wynosi 15-25°C (59-77°F).

Sprzęt

Na wysokiej klasy komputerze znalezienie bloku zajęłoby lata, dlatego potrzebujesz czegoś znacznie szybszego. Układ scalony Bitcoin to sprzęt do wydobywania bitcoinów. Przewyższają inne platformy do wydobywania bitcoinów pod względem szybkości i wydajności. Układy Bitcoin ASIC generalnie mogą być używane tylko do wydobywania bitcoinów. W przypadku układów ASIC czas potrzebny na znalezienie bloku znacznie się zmniejsza. Są zaprojektowane do ciągłego użytkowania przez całe życie i wymagają również znacznej wiedzy.

Pula Wydobywcza

Kopanie samemu jest bardzo trudne. Nawet z najnowszym sprzętem wydobywczym, jeśli nie masz dostępu do niewiarygodnie taniej energii, w końcu wydasz wszystkie swoje pieniądze na rachunki za prąd. Dlatego mali górnicy łączą swoje ryzyko, a uczestnicy puli próbują wydobywać bloki. Dystrybuują przychody (opłaty transakcyjne wraz z nowo utworzonymi Bitcoinami) pomiędzy członków na podstawie ilości wykonanej przez nich pracy, pomniejszonej o opłatę zarządcy puli.

Pierwsze pule pojawiły się już w 2010 roku, a do 2015 roku około 90% wydobycia było oparte na pulach. Jednak dziś dominują główne centra wydobywcze. Profesjonalne centra wydobywcze są możliwe przy spełnieniu następujących warunków: Tania energia, dobra sieć i chłodny klimat. Ponieważ działają 24 godziny na dobę, 7 dni w tygodniu, 365 dni w roku, większe centrum wydobywcze (ponad 20,000 maszyn) zużywa 40 megawatów energii elektrycznej na godzinę, co jest średnią ilością zużywaną przez 12,000 domów w tym samym okresie. Mogą płacić do $40,000 dziennie za energię elektryczną, nawet z rabatami, które normalnie otrzymują.

Nagrody za Wydobyte Bloki

Obecnie nagrody za wydobywanie bloków stanowią większość przychodów górników. Można się spodziewać, że w przyszłości dominować będą opłaty transakcyjne. Nagroda za wydobycie bloków Bitcoina zmniejsza się o połowę co 210,000 bloków, a obecna nagroda zmniejszy się z 12.5 do 6.25 Bitcoina.

ROZDZIAŁ 4:
Społeczność Bitcoina i Polityka

Propozycja Ulepszenia Bitcoina (BIP) to formalna propozycja zmian w Bitcoinie. Zawiera specyfikacje techniczne i podstawę do zmian. Każdy na świecie może zaproponować BIP. To społeczność Bitcoina złożona z użytkowników, górników, programistów i inwestorów może głosować i decydować, czy wdrożyć daną propozycję.

W społeczności Bitcoina reguły głównych zasad programowania są domyślnie przestrzegane. Co się stanie, jeśli użytkownikom nie spodoba się zmiana reguł? Mogą opuścić lub skorzystać z prawa do stworzenia kopii "bieżących" reguł lub oprogramowania. Rozwidlenia to zmiana w oprogramowaniu waluty cyfrowej, która tworzy dwie oddzielne wersje łańcucha bloków ze wspólną historią.

Możliwości Miękkich i Twardych Rozwidleń

Miękkie rozwidlenia mogą prowadzić do nowych schematów podpisów i dodatkowych metadanych na blok. Twarde rozwidlenia mogą prowadzić do zmian ograniczeń wielkości i szybkości wydobywania.

Twarde rozwidlenie to trwała dywergencja w łańcuchu bloków, która występuje, gdy niezaktualizowane węzły nie mogą zweryfikować bloków utworzonych przez zaktualizowane węzły, które stosują się do nowszych reguł porozumienia. Węzeł to komputer, który łączy się z siecią Bitcoin.

Po twardym rozwidleniu, jeśli miał on zapoczątkować altcoina (waluta alternatywna), altcoin idzie w swoją stronę i obie kryptowaluty współistnieją. Gdyby rozwidlenie odzwierciedlało walkę o przyszłość Bitcoina, to strony walczą o udział w rynku, aby być postrzeganym jako "prawdziwy Bitcoin", gdzie jeden wygrywa, a drugi może całkowicie zniknąć. W przypadku Bitcoin Cash obie kryptowaluty współistnieją.

Przykład twardego rozwidlenia: Bitcoin Cash jest podobny do Bitcoina, z tą różnicą, że zwiększa rozmiar bloku z 1 MB do 8 MB. Dlaczego było to potrzebne? Jeśli transakcja nie zamieni się w blok, który jest wysyłany do sieci w celu weryfikacji, musi czekać, a to spowalnia cały proces. Zwiększenie rozmiaru bloku skutkuje szybszymi transakcjami.

Kto Ma Władzę Nad Bitcoinem?

Istnieje wiele opinii na temat tego, kto ma "prawdziwą" władzę nad Bitcoinem. Na razie będziemy pracować w oparciu o zasadę, że zależy to od tego, kto wygra walkę, gdy dojdzie do nieporozumień. Poniżej znajduje się krótki opis różnych graczy.

Podmioty Mające Wpływ Na Bitcoina

Inwestorzy – Określają czy Bitcoin ma jakąkolwiek wartość rynkową

Główni Programiści Bitcoina – Tworzą zbiór zasad

Górnicy – Zapisują historię i weryfikują transakcje

Sprzedający i ich klienci - Generują podstawowy popyt i długoterminową cenę Bitcoina

Oprócz powyższych graczy istnieje jeszcze Fundacja Bitcoin (założona w 2012 roku). Fundacja płaci głównym programistom i rozmawia z rządami jako przedstawiciel Bitcoina.

ROZDZIAŁ 5:
Regulacje

Rządy są bardzo świadome istnienia Bitcoina. Przyciąga on uwagę, ponieważ masz niemożliwą do wykrycia cyfrową walutę, która omija kontrolę kapitału, a kraje nie mogą powstrzymać napływu i wypływu wartości Bitcoina.

Czy zatem nikt nie może powstrzymać Bitcoina? Bitcoin mógłby zostać zakazany poprzez regulacje operatorów komunikacyjnych (komunikacja podlega regulacjom). Bitcoin to rodzaj ruchu internetowego, który można zatrzymać jak każdy inny. Gdyby jakikolwiek rząd nagle zdecydował, że nikt w ich kraju nie może uzyskać dostępu do Bitcoina, mógłby nakazać firmom telekomunikacyjnym zakazanie dostępu poprzez umieszczenie na czarnej liście giełd i innych podmiotów w swojej infrastrukturze. W 2017 roku Chiny wprowadziły restrykcje na giełdy, ale nie wydarzyło się nic wielkiego, a cena Bitcoina tylko wzrosła w następnych tygodniach. Niedawno przeczytałem o pewnej firmie, pracującej obecnie nad globalną siecią satelitarną, która będzie transmitować dane łańcucha bloków do każdego zakątka planety, aby ludzie mogli używać Bitcoina bez potrzeby korzystania z Internetu.

Pierwsza Fala Regulacji

Licencja BitLicense stanu Nowy Jork była częścią pierwszej fali regulacji, które trafiły na rynek kryptowalut. Jeśli Twoja firma ma siedzibę w Nowym Jorku lub obejmuje mieszkańca stanu Nowy Jork, każda z poniższych rzeczy musi być licencjonowana:

- Przesyłanie wirtualnej waluty
- Przechowywanie, posiadanie lub utrzymywanie kurateli lub kontroli nad wirtualną walutą w imieniu innych osób
- Kupowanie i sprzedawanie wirtualnej waluty jako firma
- Wykonywanie usług wymiany walut jako firma
- Kontrolowanie, administrowanie lub wypuszczanie wirtualnej waluty

Niepożądane Negatywy

Niewykrywalna waluta cyfrowa ma niestety listę niepożądanych negatywów. Może ułatwić popełnienie niektórych przestępstw, na przykład porwania, wymuszenia, uchylanie się od płacenia podatków i sprzedaż nielegalnych przedmiotów. Jednym z przykładów była skandaliczna strona internetowa Silk Road. Działała od lutego 2011 do października 2013. Był to największy internetowy rynek nielegalnych narkotyków. Płatności dokonywane były w Bitcoinach, a strona przechowała kryptowaluty w celach bezpieczeństwa przed i w trakcie wysyłki towarów.

Ross Ulbricht był mózgiem kryjącym się za Silk Road. Używał kilku przydomków, z których najbardziej znane to "Frosty" i "Dread Pirate Roberts". Próbował zatrzeć ślady, ale władzom udało się połączyć wszystkie kropki w całość. Został aresztowany w październiku 2013 roku i obecnie odsiaduje wyrok dożywocia. Rząd przejął wówczas 174,000 bitcoinów, które zostały później sprzedane ludziom na aukcji.

Dwie lekcje, które należy z tego wyjąć to: Po pierwsze, trudno pozostać anonimowym przez długi czas. Po drugie, trudno jest przejść z podziemia do legalnej gospodarki bez przyciągnięcia uwagi organów ścigania.

ROZDZIAŁ 6:
Handel Bitcoinami i Altcoinami

Kryptowaluty są bardzo zmienne, co jako traderzy bardzo kochamy. Dlaczego tak jest? Jeśli dokonasz transakcji i nic się nie wydarzy, to zwyczajnie zapłaciłeś brokerowi marżę za darmo. Trading to biznes i powinieneś go traktować jako taki, abyś mógł odzyskać koszt transakcji (marża), więc zmienność działa na Twoją korzyść.

Wszelkie pogłoski i paniki zwiększają zmienność. Może również istnieć ekstremalna wrażliwość na wiadomości, co pokazuje około 20% nietypowych ruchów na rynku każdego dnia. Jesienią 2017 roku, nawet jak na standardy kryptowalut, zmienność, którą widzieliśmy, była zdumiewająca.

Zalety

Z reguły nie ma minimalnych wielkości transakcji, w przeciwieństwie do handlu akcjami, towarami lub na rynku spot forex. Możesz także dokonywać krótkiej sprzedaży, dlatego zarówno wzrost, jak i spadek na rynku są dla Ciebie w porządku. Inne zalety to możliwość bezpośredniego handlu na giełdach, nie są Ci potrzebni brokerzy. Możesz handlować 24 godziny na dobę, 7 dni w tygodniu, co oznacza nawet więcej godzin handlu niż na rynku spot. Oczywiście płynność nie jest równa w ciągu dnia, niektóre pory dnia są bardziej płynne od pozostałych.

Sesja Giełdowa

Handluj ostrożnie! Na razie handlujesz głównie przeciwko niedoświadczonym traderom, ale sytuacja się zmienia. Jesienią 2017 roku we Francji uruchomiono pierwszy w Europie fundusz inwestycyjny Bitcoin. Istnieją również doniesienia o kilku funduszach hedgingowych i prywatnych z ogromnymi środkami, które przygotowują się do wejścia na rynek.

Przewidywanie Tendencji Rynkowych

Wejście na rynek Bitcoina i kryptowalut w "idealnym momencie" jest niemożliwe. Wielocyfrowe zyski każdego tygodnia to mrzonka. Korzystanie tylko z analizy technicznej oraz fundamentów nie przyniesie Ci zadowalających wyników. Spróbuj kupować w okresach paniki na rynku. Wzrosty na Bitcoinie po okresach paniki były bardzo dochodowe. Jedną z taktyk radzenia sobie ze zmiennością jest ustawienie alertów cenowych dla znaczących ruchów cen. Sugeruję, aby budować swoje bogactwo stopniowo, gdyż w kryptowalutach jego budowa wymaga czasu. Na tyle na ile to możliwe, zignoruj szaleństwo Dzikiego Zachodu. Jeśli Twoja pozycja na rynku kryptowalut osiągnęła 100% zysku, wyjmij chociaż część z tego. Jeśli nie miałeś istniejącej pozycji, po poważnym przełamaniu w górę, kupuj po korektach. Najlepsze możliwości są dostępne dla osób świadomych i mniej emocjonalnych. Jest to szczególnie prawdziwe w przypadku traderów, którzy nie wytrzymują presji przy 40-50% spadkach.

Dźwignia Finansowa

Dźwignia finansowa? Używaj jej ostrożnie i tylko z podmiotami, które oferują niezawodne stop lossy. Bitcoin i ogólnie kryptowaluty to aktywa, które mogą poruszać się o 20-30% (w dowolnym kierunku) w niektóre dni, dlatego Twoje konto może łatwo zostać rozwalone. Tracisz pieniądze, gdy zostaniesz wykupiony, a to może się łatwo zdarzyć przy wysokiej dźwigni. Sedno jest takie, pozostań w grze i wszelkie długoterminowe shortowanie wykonuj ze szczególną ostrożnością, pamiętając o wszystkich "śmierciach" Bitcoina.

Handel Kryptowalutami Alternatywnymi (Altcoiny) oraz ICO

- **Kryptowaluty alternatywne (Altcoiny)** - Wiele alternatywnych kryptowalut, które wyrosły z pomysłu i/lub podstawowego kodu Bitcoina.

- **Initial Coin Offering (ICO)** to metoda pozyskiwania kapitału za sprawą kryptowalut. **ICO** sprzedaje prawo własności lub tantiemy do projektu. Kryptowaluta w ICO to symbol własności przedsiębiorstwa, cyfrowy "certyfikat". Często mylona ze "**sprzedażą tokenów**", która odnosi się do sprzedaży udziału w gospodarce, dając inwestorom dostęp do właściwości projektu w późniejszym terminie.

O Czym Musisz Pamiętać Zanim Zaczniesz Handlować i Inwestować

Wiele altcoinów jest bezużytecznych, a wczesne dni Internetu (czasy .com) powracają. Niestety, scena jest obecnie pełna oszustów i krętaczy, chcących oszukać tych, którzy chcą jak najszybciej się wzbogacić. Jak poruszać się po takim polu minowym? Szukaj tych, którzy zarabiają najwięcej, działaj tam gdzie już coś się dzieje, jednakże zyski te muszą być poparte wolumenem handlowym. Wolumen altcoinów musi wynosić powyżej $500,000 (aby zachowana była płynność). ICO musi mieć dobrą propozycję wartości do sprzedaży. Można sobie zadać wówczas pytanie: Jaki jest sens tej kryptowaluty? Jaki problem ona rozwiązuje? Ludzie, którzy stoją za projektem też muszą być najwyższych lotów.

Jednym z bardziej udanych ICO było Ethereum, które zebrało pieniądze dzięki sprzedaży tokenów w 2014 roku. W 2017 roku odbyło się co najmniej 90 pierwszych publicznych ofert kryptowalut, które zebrały ponad 1 miliard dolarów amerykańskich. W grudniu 2017 roku istniało już ponad 1200 walut cyfrowych.

Pamiętaj, że w przypadku ICO nikt nie wie na pewno, który z nich okaże się sukcesem. Jeśli zainwestujesz w 5, jest bardzo duża szansa, że tym 4 się nie powiedzie, ale ten 5 okaże się sukcesem i zrobisz zwrot z inwestycji 10x lub więcej. 10x oznacza, że jeśli zainwestowałeś 10 milionów dolarów to przy sprzedaży wygenerujesz łącznie 100 milionów dolarów.

Mała wskazówka: W przypadku ICO lub podstawowych transakcji wysyłaj ułamek płatności, aby przetestować przelewy. Poćwicz wysyłanie .001 dla pierwszych kilku transakcji, możesz zacząć od przelewów Bitcoina do 8 miejsc po przecinku.

Należy mieć świadomość, że wiele z ostatnich przedsięwzięć wspieranych przez kapitał wysokiego ryzyka nie wprowadziło jeszcze swoich produktów na rynek. Ponadto, pełne możliwości wykorzystania BTC i altcoinów jest właśnie badane. Wielu uważa, nie bez powodu, że jakaś inna kryptowaluta przewyższy swoją wartością Bitcoina. Ich przekonanie bazuje na tym, iż rzadko w technologii pierwszy gracz po 5-10 latach pozostaje dominującym graczem. Podsumowując, jesteśmy na bardzo wczesnym etapie walut cyfrowych.

JAK DOSTRZEĆ OSZUSTÓW W ICO?

Oto niektóre z najlepszych sygnałów ostrzegawczych, że masz do czynienia z oszustami:

- Kontakt z nimi jest trudny. Nie można znaleźć ich numerów telefonów za pomocą prostego wyszukiwania w Internecie

- Biała księga jest zwykle krótka (poniżej 10 stron), pełna podstawowych błędów gramatycznych i ortograficznych
- Jakość strony internetowej jest niska lub do jej budowy wykorzystano bezpłatną usługę
- Zakładka "O nas" i dane rejestracyjne są wątpliwe lub ich brakuje
- Nie można znaleźć dyrektora generalnego ani doradców na LinkedIn ani w innych profesjonalnych kanałach

ROZDZIAŁ 7:
Taktyki Tradingowe

W tym rozdziale omówimy główne powody, dla których inwestorzy tracą pieniądze, a co najważniejsze, powiemy jak temu zapobiec.

Nierealistyczne Oczekiwania: Podczas rozpoczynania przygody z tradingiem, podobnie jak w przypadku wielu innych rzeczy, ważne jest, aby mieć realistyczne wyobrażenie o tym, z czym masz do czynienia. Nierealistyczne oczekiwania mogą przybrać postać kogoś, kto zaczyna z rachunkiem mini-tradera o wartości $1000-2000 i oczekuje wzbogacenia się z dnia na dzień.

Możesz nawet zacząć od 100 lub 200 dolarów, nie ma w tym nic złego. Nie należy jednak przy takich kwotach oczekiwać, że w ciągu kilku dni będzie się mieć po 1000-2000 dolarów na swoich kontach. Istnieją firmy, które wspominają lub obiecują takie wyniki. Nie twierdzę, że jest to niemożliwe, twierdzę, że jest to mało prawdopodobne. Ważne jest, abyś miał poczucie rzeczywistości, gdy zajmujesz się tradingiem.

Brak Planu: Wiele osób uważa, że "brak planowania to planowanie niepowodzenia". Mając dobry plan, Twój trading jest zgodny z Twoimi założeniami i istnieje większa szansa na osiągnięcie oczekiwanych wyników. Plan w tradingu jest niezbędny, ponieważ bez niego narażasz się na potencjalnie ogromne straty. Bez planu nie ma sensu wchodzić na giełdę.

Zbyt Duże Ryzyko: Może to być osoba, która ma na koncie 100 dolarów lub nawet 100,000. To nie kwota sama w sobie jest tutaj istotna, ale kwota, którą ryzykujesz w stosunku do dostępnych środków. Zaczynasz z pozycji osoby, dla której najważniejsze powinno być "przetrwanie porażki". Koncepcja ta opiera się na założeniu, że Twoje straty nie powinny być katastrofalne w skutkach. Na przykład żadna pozycja nie powinna wykorzystywać więcej niż 5 lub 6% dostępnego kapitału spekulacyjnego. Oznacza to również, że jeśli skusisz na skorzystanie z dźwigni finansowej, to ryzykowana kwota powinna być niewielka.

Mylenie Tradingu z Inwestowaniem: W latach, gdy byłem bankierem, miałem niezliczonych klientów, którym musiałem wielokrotnie podkreślać, że nie powinni mylić tych dwóch rzeczy. Trading polega na krótkoterminowym zarabianiu pieniędzy, jest działalnością generującą dochód, wchodzisz i wychodzisz z transakcji. Inwestowanie jest bardziej długoterminowe i zwykle trwa co najmniej rok. Może się zdarzyć, że niektóre z Twoich celów inwestycyjnych wynikają z Twojego tradingu, ale nie myl tych dwóch rzeczy. Niektórym może się to wydawać proste, ale biorąc pod uwagę swoje doświadczenie w doradzaniu klientom na całym świecie, wciąż jest wiele osób, które mylą trading z inwestowaniem.

Rozwiązania: Można rozmawiać o problemach i wyzwaniach, ale oczywiście potrzebujemy dla nich rozwiązań.

Niska Dźwignia: Aby uniknąć problemu ponoszenia zbyt dużego ryzyka, sprawdzonym rozwiązaniem jest wykorzystanie niskiej dźwigni. Utrzymujesz dźwignię na niskim poziomie, ponieważ daje to czas na myślenie, pozwala na skuteczniejszą reakcję, a ponadto jesteś znacznie mniej podatny na zmiany na rynku.

Skalowanie Pozycji: Skalowanie pozycji to jedna z moich ulubionych strategii. Używam jej do inwestowania, a także do tradingu. Teoria, która kryje się za skalowaniem polega na tym, że pozwalasz rynkowi podpowiadać Ci co masz zrobić. Dla przykładu, planuję kupić 250 altcoinów GCMS po przeprowadzeniu analizy technicznej i fundamentalnej. Jak zacząć? Zacząłbym od pozycji 25 lub 50 sztuk i pozwoliłbym rynkowi potwierdzić, czy dobrze zrobiłem. Jeśli kupiłem kryptowaluty GCMS po $100 za sztukę i nagle ich cena wzrosła do $125, to super, właśnie rynek potwierdził, że podjąłem właściwą decyzję. Korzystając z tego przykładu, gdybym zaczynał z 25 kryptowalutami, dodawałbym kolejne 25 lub 50 i powtarzałbym cały proces, aż osiągnąłbym swój cel 250 kryptowalut.

Znajdą się tacy, którzy powiedzą, że nieco przegapiłem przejście z wartości $100 na $125, ale będąc cierpliwym, jestem też lepiej zabezpieczony. Z drugiej strony, wracając do skalowania, wyobraźmy sobie, że rynek poruszył się przeciwko mnie i zamiast już od początku zaryzykować posiadaniem 250 kryptowalut, których cena spada, miałbym ich tylko 25. Oczywiście gdzieś istnieje kompromis w tym wszystkim, ale moje doświadczenie wskazuje, że większe korzyści długofalowo odnoszą osoby korzystające ze strategii skalowania.

Inny przykład, powiedzmy, że kupiłeś 100 kryptowalut po 100 dolarów za sztukę i cena nagle spada do 90. Moim zdaniem, zamiast sprzedawać wszystko od razu, powinieneś rozważyć sprzedaż tylko 25 lub 30 jednostek, ponieważ spadek może być spowodowany przesadzoną reakcją rynku. Istnieje kilka rzeczy, którą mogą wpływać na taki obrót zdarzeń, na przykład fałszywa plotka, a Ty z tego powodu znowu pozwolisz rynkowi poprowadzić Cię niewłaściwą ścieżką. Oczywiście, jeśli cena nadal spada i zaczyna to już wykraczać poza Twój mentalny stop loss, wtedy decydujesz się na ostateczne wyjście.

Handluj na Płynnych Rynkach: Nie jestem w stanie zaakcentować jak ważne jest handlowanie na płynnych rynkach. Wykonanie jednej ryzykownej transakcji (kapitałem bardzo wysokiego ryzyka) jest w porządku, o ile jesteś świadomy tegoż ryzyka. Jednak w przypadku regularnego handlowania, kryptowaluty z niską płynnością według standardów branżowych nie są moim pierwszym wyborem. Płynność jest niezwykle istotna, zwłaszcza dla tradera. W przypadku inwestowania nie jesteś tak podatny na uwarunkowania dotyczące czasu, natomiast w przypadku tradingu możesz być zmuszony do dokonywania nagłych ruchów, dlatego warto posiadać kryptowaluty, które łatwo upłynnić.

Płynność, żebyśmy się dobrze zrozumieli, to możliwość łatwego wchodzenia i wychodzenia z pozycji. Uczestnictwo w rynku oraz posiadanie zysków na papierze jest cudowne. Jeśli jednak przychodzi czas na wypłatę tych papierowych zysków, a Ty nie jesteś w stanie tego zrobić, to jest to kiepska sytuacja, w której nigdy nie powinieneś się znaleźć. Z drugiej strony, jeśli przegrywasz i nie możesz wyjść z tej pozycji, sytuacja może zamienić się w koszmar. Nie ma dla mnie znaczenia kto Ci udziela wskazówek i jakie blogi inwestycyjne czytasz. Musisz handlować kryptowalutami, które łatwo jest upłynnić, nie ma innej drogi.

Wybór Kryptowalut: Wybierz kilka i dobrze się z nimi zapoznaj. Jak możesz sobie wyobrazić, żaden trader nie handluje jednocześnie 600 różnymi kryptowalutami. Wiele osób zaczyna od kryptowalut, handlując tymi najbardziej znanymi, na przykład Bitcoinem czy Ethereum. Po pewnym czasie, handlując kilkoma wybranymi kryptowalutami, będą one Ci znane i uzyskasz głębsze wyobrażenie o tym, jak się zachowują.

ROZDZIAŁ 8:

Połączenie Wszystkiego w Całość

Traderzy muszą mieć system. Prześledzimy i połączymy różne aspekty systemu tradingowego.

Platforma Tradingowa: Wybór platformy tradingowej jest ważny, ponieważ platforma jest pojazdem, którego używasz do prowadzenia handlu. Z racji tego, iż handel odbywa się online, ważne jest, abyś korzystał z platformy, która pasuje do Twojego stylu. Może obejmować ona wiele aktywów lub być taką, która jest bardziej podstawowa. Powinieneś też wiedzieć kto stoi za platformą. W przypadku kryptowalut masz możliwość korzystania z platformy tradingowej lub bezpośrednio z giełdy. Na rynku regularnie pojawiają się nowe giełdy i w zależności od swojego kraju zamieszkania trzeba być bardzo ostrożnym przy wyborze. Najlepiej będzie Ci uzyskać rekomendację od kogoś komu ufasz. Może to być Twój znajomy lub dobry doradca kryptowalutowy, który zjadł już na tym rynku zęby.

Cele: Bez celów naprawdę trudno jest rozpocząć trading. Analogia, którą słyszałem i której lubię używać w odniesieniu do celów, jest taka, że bez nich to tak samo jak pójść do kasy kolejowej i powiedzieć "daj mi bilet". Oczywiście Pani w kasie zapytałaby "bilet dokąd?" Celami krótkoterminowymi mogą być tygodniowe lub miesięczne zyski. Są one kwestią indywidualną. Cele muszą odpowiadać Twojemu stylowi i wysokości kapitału podwyższonego ryzyka dostępnego dla Ciebie do tradingu.

Cele długoterminowe są często związane ze strategią inwestycyjną. Są one również powiązane z celami krótkoterminowymi, ponieważ cele długoterminowe powinny opierać się na krótkoterminowych celach zysku. Musi istnieć tutaj dopasowanie, ponieważ jeśli masz tygodniowy cel 100 dolarów zysku, a miesięczny cel 1000 dolarów zysku, to istnieje rozbieżność, którą należy się zająć.

Przygotowanie Psychiczne: Musisz być psychicznie gotowy do tradingu. Jeśli masz zamiar handlować i jesteś spięty lub zdenerwowany, musisz odpocząć od tradingu. Idź pomedytować, poćwicz, zrób coś innego, ale ważne jest, aby nie handlować, dopóki nie będziesz psychicznie gotowy. W tradingu musisz mieć nastawienie, aby nie brać rzeczy do siebie. Wyrzuć emocje z handlu, Twoim jedynym celem jest po prostu zarabianie pieniędzy.

Określ Swój Poziom Tolerancji Ryzyka: Jak wiele jesteś skłonny zaryzykować w każdej transakcji? Ważne jest, by pamiętać o złotej zasadzie traderów "brak pieniędzy, brak tradingu". Nie ma znaczenia co mówią Ci inne osoby, nie masz pieniędzy, nie handlujesz i trzeba to potraktować bardzo poważnie. Jest to związane z Twoją tolerancją na ryzyko. Dla przykładu, jeśli Twoje saldo wynosi $10,000, a chcesz zaryzykować 1%, to kwota ta wynosi 100 dolarów. Oznacza to, że dla swojego kapitału ryzyka, niezależnie od tego, czym handlujesz, ustawiając stop loss (mentalny lub na platformie), nie powinien on przekraczać $100.

Dokonaj Starannych Przygotowań: Zaczął się nowy dzień, komputer jest włączony, co się stało w nocy? Co się stało na rynku kryptowalut? Powinieneś być świadomy informacji, które pojawiły się z dnia na dzień, a co ważniejsze, jak zareagowały na nie rynki. Czasami, to co w teorii powinno być dobrą wiadomością, powoduje, że rynki reagują negatywnie.

Jak określić swój poziom wejścia: Znajomość poziomów wejścia oznacza, że masz dobry powód do każdej transakcji, której dokonujesz. Jeśli nie masz dobrego powodu, proponuję Ci wziąć swoje pieniądze i przekazać je organizacji charytatywnej. Wybierając poziom wejścia, potrzebujesz właściwego stosunku ryzyka do zysku, który powinien odpowiadać Twojej tolerancji na ryzyko. Pod uwagę brana jest również analiza techniczna/fundamentalna. Poziomy wsparcia i oporu oraz wiadomości są niezbędne przed wykonaniem jakiejkolwiek transakcji. Jeśli handlujesz kryptowalutami, musisz być świadomy tego, gdzie znajdują się linie wsparcia i oporu w przedziale czasowym, w którym handlujesz.

Znaj Swoje Poziomy Wyjścia: Jaki masz cel zysku? Jest to tysiąc lub kilka tysięcy dolarów? Musisz być tego świadomy. Kiedy ustawiasz stop loss, aby kontrolować straty, pierwszą rzeczą do zrobienia jest upewnienie się, że mieszczą się one w Twoich parametrach. Podobnie jak w przypadku poziomu wejścia, powinieneś znać analizę fundamentalną, poziomy wsparcia i oporu, a także złotą zasadę innych traderów, która brzmi "ogranicz swoje straty i pozwól zyskom płynąć". Wielu traderów twierdzi, że zyski dbają same o siebie, ale musisz uważnie obserwować straty.

Prowadź Dziennik: Może to nie być opcja dla wszystkich, ale jest to coś, czego używam do rejestrowania moich transakcji. Obejmuje kilka rzeczy, w jakim momencie wszedłem w transakcję, mój poziom wyjścia i dlaczego uważałem, że transakcja była dobrym pomysłem, kiedy w nią wchodziłem. Przeglądając swój dziennik, zaczniesz wykrywać wzorce i schematy, gdy się pojawią. Możesz usunąć schemat, który nie działa, lub rozwinąć ten, który działa, co bardzo pomaga to w ulepszeniu transakcji.

Oceń Swoje Wyniki: Przejrzyj swój dzienny zysk lub stratę. Jest to ważne, ponieważ trading może być przyjemny, ale ostatecznie jest biznesem, a w nim chodzi o to, aby osiągnąć zysk. Jeśli podczas przeglądu zysków/strat odkryjesz, że nie jest to coś czego oczekiwałeś, Twoim obowiązkiem jest dowiedzieć się, dlaczego. Musisz także wiedzieć, co kryło się za Twoimi dobrymi wynikami. Może to był czysty przypadek, a jeśli tak było, to świetnie, ale szczęście zwykle nie jest trwałą strategią handlu. Sugeruję zatem dokładne przejrzenie swojego dziennika, tak jak robię to ja. Czy za Twój dobry wynik odpowiadały wiadomości rynkowe? A może chodziło o rozmiar pozycji. Te czynniki mogą wpływać na wyniki.

Przejście z Wersji Demo do Tradingu na Żywo

Wskazówki dotyczące udanego przejścia z wersji demo na konto do prawdziwego *tradingu* na żywo (nie są to porady dotyczące *inwestowania*). Oto kilka punktów omawianych na zajęciach, które prowadzę. Pierwsza to realistyczne poziomy finansowania. Większość kont demo daje ogromne ilości wirtualnych pieniędzy do handlu, ale nie musisz ich wszystkich używać. W rzeczywistości byłoby lepiej, gdybyś użył tej samej ilości wirtualnych pieniędzy, którą faktycznie zasiliłbyś swoje prawdziwe konto. W ten sposób uzyskasz znacznie lepsze wyobrażenie o tym, jak to jest stracić lub zyskać na tych kwotach, zarówno psychicznie, jak i fizycznie. Jeśli przejdziesz od handlu setkami tysięcy dolarów w trybie demo do handlu z pięcioma lub dziesięcioma tysiącami w trybie na żywo, poczujesz się zupełnie inaczej i nie rozwiniesz strategii zarządzania pieniędzmi, która działa z tymi kwotami. Dlatego jeśli masz $5000 do prawdziwego tradingu, poćwicz z $5000 na swoim koncie demo.

Kolejną kwestią są realne rozmiary transakcji. Podobnie jak w przypadku poziomów finansowania, musisz dokonywać transakcji o podobnej wielkości w trybie demo, których będziesz dokonywać w tradingu rzeczywistym za prawdziwe środki. Zapewnia to zgodność ze strategią, której będziesz używać w trybie na żywo, dzięki czemu Twoje przejście z trybu demo na prawdziwe pieniądze będzie płynniejsze. Jeśli planujesz handlować małymi kwotami, to w trybie demo również takimi handluj, abyś później wiedział w co wchodzisz, gdy zdecydujesz się na skorzystanie z dźwigni finansowej.

Zyskowny Trading: Jeśli co tydzień generujesz straty w trybie demo, to nieroztropne będzie przejście na trading za prawdziwe środki, gdyż najpewniej je też stracisz. Mimo, iż nie możesz spodziewać się zysków każdego dnia, zawsze powinieneś wychodzić na plus na koniec każdego miesiąca, zanim w ogóle rozważysz przejście na trading za prawdziwe pieniądze.

ROZDZIAŁ 9:
Narzędzia Do Analizy Technicznej Kryptowalut

Kluczową kwestią do zarabiania pieniędzy za pomocą analizy technicznej jest identyfikacja trendu i tradowanie wraz z nim. Trendy pokazują, gdzie ceny będą najprawdopodobniej podążać w przyszłości. Jeśli trend kryptowaluty zmierza w górę, musisz kupić kryptowalutę, aby zarobić na niej pieniądze. Jeśli trend kryptowaluty zaczyna spadać, musisz sprzedać kryptowalutę, aby zarobić. Jeśli trend kryptowaluty jest taki, że cena zmienia się w bardzo wąskich przedziałach, bez wyraźnego kierunku, musisz albo składać zlecenia warunkowe (nie transakcje), albo poczekać, aż ustali się wyraźny trend w górę lub w dół przed rozpoczęciem tradingu. Nigdy nie zaleca się tradowania wbrew trendowi, a jeśli zdecydujesz się to zrobić, w większości przypadków będzie to dla **Ciebie** kosztowne doświadczenie.

Trendy zwykle nie idą prosto w górę lub w dół w sposób bezpośredni. Zwykle poruszają się w jednym kierunku przez pewien czas, a następnie tymczasowo powracają (odwracają) część poprzedniego ruchu, zanim powrócą do pierwotnego kierunku. Za każdym razem, gdy kryptowaluta się cofa i zaczyna poruszać się w przeciwnym kierunku, tworzy się nowe maksimum lub nowe minimum. Na przykład w przypadku kryptowalut, nowe szczyty powstają, gdy kryptowaluta przesuwa się wyżej, a następnie obraca się i porusza w dół. Nowe dołki powstają, gdy krypto przesuwa się w dół, a następnie obraca się i porusza w górę. Identyfikacja tych punktów pozwala określić, czy krypto znajduje się w trendzie wzrostowym, spadkowym czy bocznym, czyli tam gdzie zakresy cen zmieniają się nieznacznie.

Trendy wzrostowe – Rynki, które wykazują tendencję wzrostową, tworzą serię wyższych szczytów i wyższych dołków.

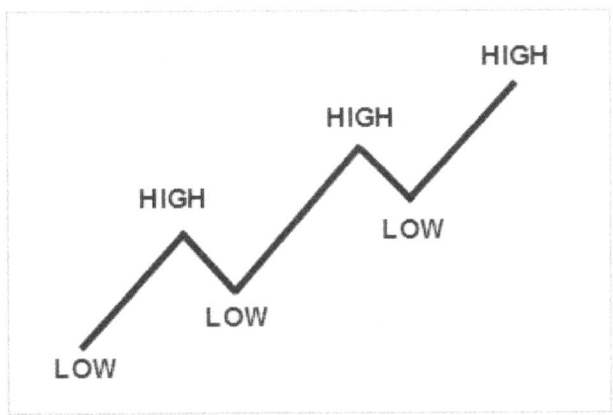

Trendy spadkowe – Rynki, które wykazują tendencję spadkową, tworzą serię niższych szczytów i niższych dołków.

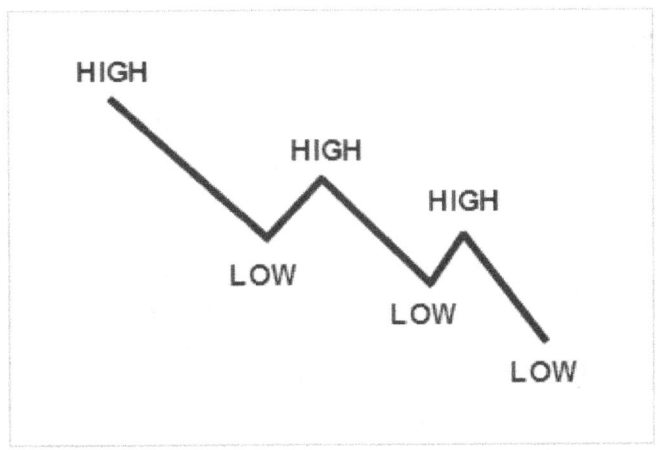

Trendy boczne – Kryptowaluta, która wykazuje tendencję boczną, tworzy serię maksimów, które są w przybliżeniu na tym samym poziomie cenowym i serię dołków, które również są w przybliżeniu na tym samym poziomie cenowym.

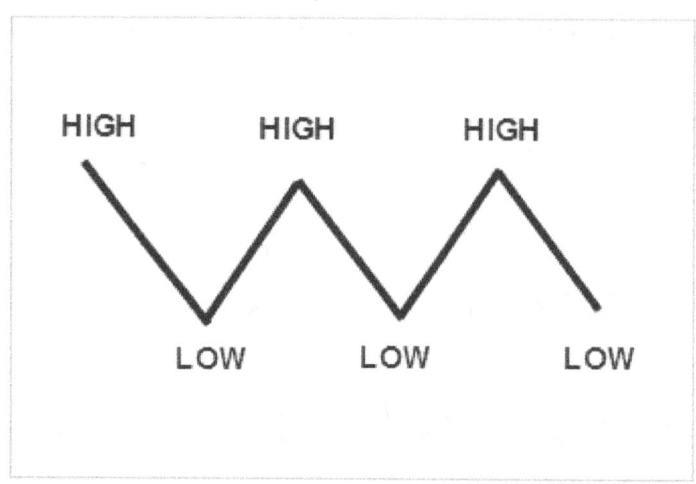

Trendy – Niezależnie od tego, czy są to trendy wzrostowe, spadkowe czy boczne, trendy mogą kształtować się w różnych okresach czasu. Identyfikacja różnych trendów w każdym przedziale czasowym i możliwość powiązania ich z analizą ma kluczowe znaczenie dla Twojego sukcesu jako tradera.

Definicja Wykresu Świecowego

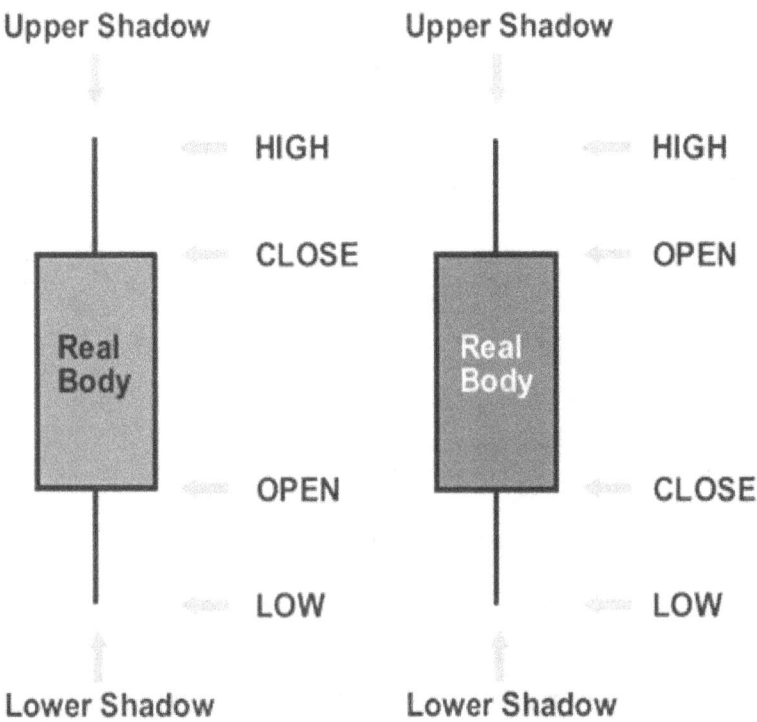

Zacznijmy od zdefiniowania świecy. Świeca to linia na wykresie, która przedstawia jeden punkt i pokazuje maksimum, minimum, otwarcie i zamknięcie dla każdego okresu. Na przykład, jeśli mamy wykres dzienny, każda świeca reprezentuje jeden dzień i pokaże maksimum, minimum, otwarcie i zamknięcie tego dnia. Na wielu platformach czerwona świeca oznacza, że cena zamknięcia jest niższa niż cena otwarcia w tym okresie. Zielona świeca oznacza, że cena zamknięcia jest wyższa niż cena otwarcia w tym okresie.

Wskaźniki Analizy Technicznej

Przyjrzymy się wskaźnikom średniej ruchomej, RSI oraz wstędze Bollingera. Pierwsza to średnia ruchoma, która jest przydatna, ponieważ ułatwia dostrzeżenie trendu. Ma to kluczowe znaczenie w przypadku walut, kryptowalut lub niektórych instrumentów pochodnych, w przypadku których zarówno rynek wzrostowy jak i spadkowy jest korzystny. Dlatego wszystko, co musimy zrobić, to zidentyfikować lub dostrzec ten trend. Aby to zilustrować, pięćdziesięciodniowa średnia ruchoma sumuje ceny zamknięcia z ostatnich pięćdziesięciu dni, dzieli przez pięćdziesiąt i wykreśla punkt na wykresie dla każdego dnia.

Wykres Średniej Ruchomej

Przyjrzyjmy się kilku podstawowym ustawieniom ze wskaźnikiem średniej ruchomej. Jeśli na wykresie mamy ustawioną średnią ruchomą na dziesiątce oraz pięćdziesiątce, to dziesiątka jest krótkoterminowa, a pięćdziesiątka długoterminowa. Im krótsza jest średnia ruchoma i znajduje się powyżej dłuższej, to trend jest uważany za wzrostowy. Jeśli krótsza średnia ruchoma jest poniżej dłuższej średniej ruchomej, wówczas trendy są uważane za spadkowe. Na wykresie zauważysz, że dziesiątka łamie się poniżej pięćdziesiątki, czyli długoterminowej w tym przykładzie, co można uznać za początkowy sygnał sprzedaży.

W przypadku średnich ruchomych sygnały kupna i sprzedaży są generowane przez przecięcie ceny powyżej lub poniżej linii średniej ruchomej. Jest termin, który często obije Ci się o uszy, gdy będziesz przebywać w pobliżu osób od analizy technicznej i jest to tak zwany *złoty krzyż*. Oznacza on, że pozycje krótkoterminowe łamią się powyżej długoterminowych. Przykładem może być podana dziesiątka i pięćdziesiątka, ale może to też być dwudziestka i trzydziestka czy pięćdziesiątka i siedemdziesiątka. Wszystko zależy od tradera i instrumentu, którym handluje.

Wskaźnik Siły Względnej

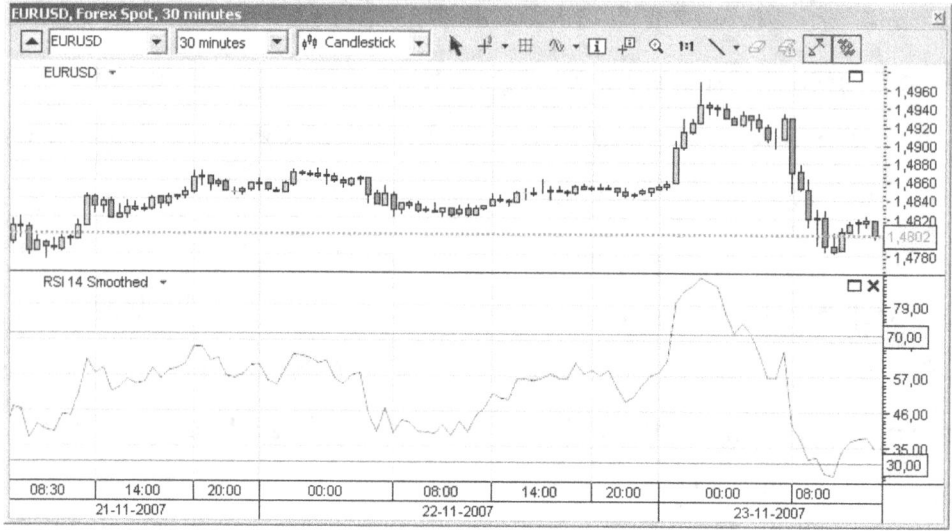

RSI, który jest Wskaźnikiem Siły Względnej służy do określenia, czy rynek (akcje, waluta, kryptowaluta, itp.) jest nadmiernie wykupiony lub nadmiernie wyprzedany, czyli innymi słowy przesycony. Jest klasyfikowany jako mierzalny czynnik ekonomiczny, ponieważ zaczyna dawać sygnały przed rozpoczęciem trendu. Posiada indeks od zera do stu.

Pod wykresem EURUSD widoczny jest wykres RSI. RSI mniej więcej odpowiada temu, co dzieje się na wykresie i tak właśnie powinno być. Odczyty poniżej trzydziestu wskazują, że rynek może być nadmiernie wyprzedany, a kiedy widzisz lub słyszysz termin nadmiernie wyprzedany, oznacza to nadmierną sprzedaż. Odczyty powyżej siedemdziesięciu wskazują, że rynek może być nadmiernie wykupiony, czyli chodzi o nadmierne kupowanie. Należy pamiętać, że są to wskazówki, niczego nie gwarantują. Pamiętaj, że rynek może pozostać wykupiony lub wyprzedany przez dłuższy czas.

Wstęgi Bollingera

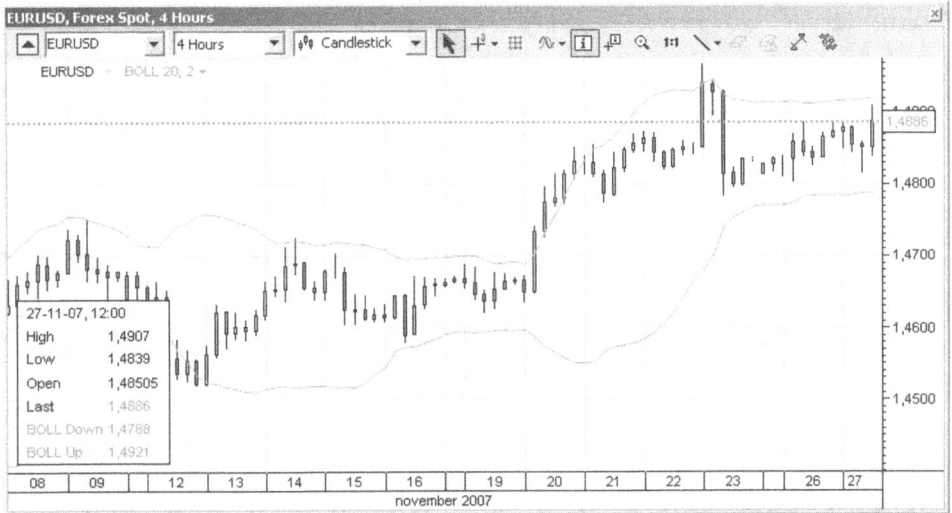

Wstęgi Bollingera to narzędzie, z którego korzysta wielu inwestorów i handlowców, gdy chcą dodać różne aspekty analizy technicznej do otwartych przez siebie transakcji. Służą do pomiaru zmienności rynku. Wstęgi określają górną i dolną granicę zakresu handlowego. Kiedy przeglądasz wstęgi na wykresie, będziesz mieć górną i dolną wstęgę. Przestrzeń pomiędzy górą a dołem nazywana jest kanałem kupna – sprzedaży. Wykorzystujesz przestrzeń między wstęgami, aby zorientować się, gdzie jesteś w zakresie handlowym. Jeśli jesteś blisko szczytu, wiesz, że jesteś blisko poziomu oporu i istnieje możliwość odwrócenia ceny (rynek zmienia kierunek). Jeśli jesteś na dole, wiesz, że jesteś blisko poziomu wsparcia dla potencjalnego odwrócenia ceny. W większości przypadków ceny pozostają między wstęgami. Jeśli cena zacznie się przełamywać, wielu traderów traktuje to jako sygnał, więc musisz być tego świadomy.

Zrozumienie Poziomów Wsparcia i Oporu

Poziom wsparcia to poziom ceny, przy którym handlowany instrument miał w przeszłości trudności ze spadkiem poniżej. Na przykład, jeśli mamy wsparcie w okolicach 1.4380, byłbyś w stanie zobaczyć na wykresie, że rynek kilka razy osiągnął ten poziom (1.4380) bez spadku poniżej, więc w żargonie analizy technicznej byłby to poziom wsparcia. Poziom oporu jest dokładnie odwrotnym poziomem ceny, przy którym instrument miał historycznie trudności z wejściem powyżej.

Chart patterns similar to the letters M & W

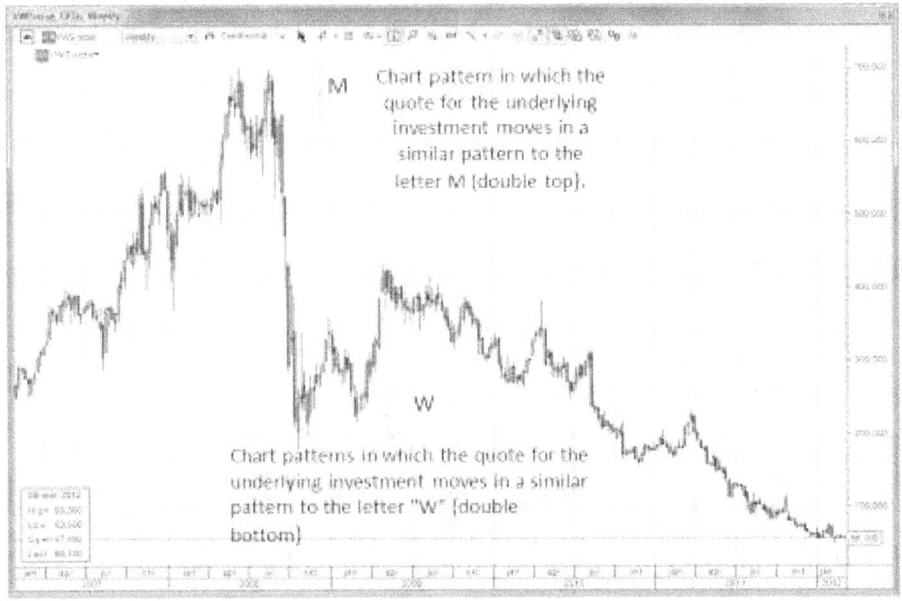

Wzory na Wykresie "W" Podwójne Dno lub "M" Podwójny Szczyt

Są to formacje wykresów, w których cena instrumentu porusza się według wzoru podobnego do litery "W" (podwójne dno) lub "M" (podwójny szczyt). Podwójne formacje górne i dolne są używane w analizie technicznej do wyjaśniania ruchów w akcjach, kryptowalutach lub innych inwestycjach i mogą być wykorzystywane jako część strategii handlowej w celu wykorzystania powtarzających się wzorców. Podwójny szczyt i podwójne dno to wzory odwrócenia trendów.

Podwójne dno ma tendencję do występowania po silnym trendzie spadkowym i wskazuje, że trend wzrostowy może być nieuchronny. "Dna" to doliny, które powstają, gdy cena osiągnie pewien poziom wsparcia, którego nie może przełamać. Po osiągnięciu tego poziomu cena nieznacznie odbije się od niego, zanim wróci do ponownego przetestowania tego poziomu. Jeśli cena odbije się od wsparcia po raz drugi, masz formację z podwójnym dnem. Jeśli drugie dno nie może przebić dołka pierwszego, to jest to silny sygnał, że nastąpi odwrócenie. "Dekolt" zostanie narysowany na wysokości między dwoma "dnami". W przypadku podwójnego dna możesz rozważyć zlecenia długiego (zakup) z wejściem powyżej "dekoltu", ponieważ spodziewasz się, że trend zmieni się w górę.

Podwójny szczyt jest zwykle tworzony po przedłużającym się trendzie wzrostowym i wskazuje, że trend spadkowy może być nieuchronny. "Szczyty" to szczyty, które powstają, gdy cena osiągnie pewien poziom oporu, którego nie może pokonać. Po osiągnięciu tego poziomu cena nieznacznie odbije się od niego, ale wróci do ponownego przetestowania tego poziomu. Jeśli cena ponownie odbije się od tego poziomu, uzyskamy podwójny szczyt. Jeśli drugi szczyt nie może przełamać maksimum pierwszego szczytu, to jest to silny sygnał, że nastąpi odwrócenie. "Dekolt" jest rysowany na dole między dwoma "szczytami". W przypadku podwójnego szczytu możesz pomyśleć o dokonaniu zlecenia krótkiego (sprzedaży) poniżej "dekoltu", ponieważ spodziewasz się, że trend stanie się spadkowy.

ROZDZIAŁ 10:

Najczęściej Występujące Argumenty Przeciwko Bitcoinowi i Kryptowalutom wraz z Odpowiedziami

Większość sprzedawców akceptuje karty kredytowe i gotówkę, natomiast Bitcoin póki co ma niewielką akceptację:

N a chwilę obecną jest to w większości prawda, ale rzeczywistość się zmienia. Obecnie na całym świecie jest ponad 150,000 sprzedawców, którzy akceptują Bitcoina jako metodę płatności. Na początku 2014 roku overstock.com stał się pierwszym dużym sprzedawcą detalicznym, który zaczął akceptować Bitcoina. Inne firmy, które akceptują płatności w Bitcoinie to Subway, Wordpress, Virgin Galactic, Reddit, Wikipedia, Shopify, OKCupid, Amazon, PayPal i eBay. Co więcej, pod koniec listopada 2017 roku jedna z firm księgowych Wielkiej Czwórki, PricewaterhouseCoopers, powiedziała, że zaczyna przyjmować płatności w Bitcoinie za swoje usługi doradcze.

Kluczową kwestią, o której należy pamiętać, jest to, że kryptowaluty nie są walutami fiducjarnymi. Upodobnią się do walut tradycyjnych tylko wtedy, gdy rząd powie, że są prawnym środkiem płatniczym. Gdyby tak się stało, to Twój lokalny sklep z rowerami lub kawiarnia musiałby je przyjąć, gdy zdecydujesz się je wydać.

Władze rządowe nigdy nie zrezygnują z kontroli nad pieniędzmi bez walki. Zniszczą kryptowaluty:

Istnieje możliwość i ryzyko interwencji rządu, ale nie ma żadnego narastającego prawdopodobieństwa, że tak się stanie. Kilka krajów zakazało stosowania kryptowalut, a ich ceny i akceptacja opinii publicznej tylko wzrosła. Generalnie zabroniono tylko niektórych działań, na przykład ICO.

Bitcoin i inne kryptowaluty korzystają obecnie z przewagi bycia pierwszym graczem na rynku, ale co z przyszłą konkurencją?

Nie trzeba czekać na przyszłość, konkurenci już istnieją. Jak dotąd wartość rynkowa kryptowalut zajmujących pierwsze miejsce na rynku tylko wzrosła. Najpopularniejsze kryptowaluty służą głównie do przechowywania lub powiększania bogactwa. Innymi słowy, wiele osób kupuje kryptowaluty tylko dlatego, że spodziewają się wzrostu ceny. Rywalizacja daje ludziom więcej możliwości, ale nie zniszczyła żadnego z czołowych graczy. Jeśli nowa firma jest notowana na giełdzie, to nie oznacza to automatycznie, że jej konkurenci upadną. Wielu inwestorów po prostu woli dywersyfikację.

ROZDZIAŁ 11:
Czego Się Spodziewać w Najbliższej Przyszłości

Celowo napisałem czego się spodziewać w najbliższej przyszłości, gdyż moim zdaniem dokonywanie długoterminowych predykcji w temacie kryptowalut jest głupim posunięciem.

Mniej Szaleństwa ICO

Gorączka złota związana z ICO zostanie ukrócona i zobaczymy więcej samodyscypliny ze strony obecnych graczy na rynku. Regulatorzy publiczni i rządowi mają swoje granice wobec tego co są w stanie tolerować.

Odpowiednie Regulacje

Handel Bitcoinem i innymi kryptowalutami pozostaje w większości nieuregulowany. Niedawno poinformowano mnie o liczbie agencji, które domagają się większych kompetencji nad kryptowalutami. Tylko w samych Stanach Zjednoczonych, masz FinCEN Departamentu Skarbu, Komisję Papierów Wartościowych i Giełd oraz Urząd Skarbowy (IRS). Historia staje się bardziej dziwaczna, ponieważ regulatorzy nie są nawet zgodni co do tego, czym jest Bitcoin. Na przykład IRS traktuje go jako własność, a Komisja ds. Handlu Kontraktami Terminowymi na Towary mówi, że jest to towar. Dla uczestników rynku wprowadza to duże zamieszanie. Jednak nawet przy takim zamieszaniu, istnieje potrzeba bardziej odpowiednich regulacji dla tego rozwijającego się rynku, aby zwiększyć zaufanie szerszych rynków detalicznych i instytucjonalnych. Powinno to również obejmować szybkie i surowe kary dla osób dopuszczających się oszustw.

Czego Chciałbym Zobaczyć Więcej?

Poniżej opiszę to czego chciałbym zobaczyć więcej na rynku kryptowalut w najbliższej przyszłości.

1. Giełdy poprawią zarówno bezpieczeństwo, jak i zdolność radzenia sobie ze skokami popytu. Mimo, że giełdy kryptowalut nie są poddawane takiemu samemu poziomowi kontroli, jak tradycyjne giełdy, dalsze poruszanie tego problemu bezpieczeństwa będzie coraz ważniejsze. Dlaczego? W branży kryptowalut jest wystarczająco dużo smutnych opowieści o włamaniach i kradzieży milionów. Trudno też wskazać jakikolwiek region na świecie, który by temu przewodził. Dzieje się tak na Wschodzie, ale także na Zachodzie, zarówno na dużych, jak i małych giełdach. W przeciwieństwie do środków w lokalnym banku, jeśli Twoje konto zostanie zhakowane na giełdzie, istnieje bardzo mało możliwości odzyskania tych pieniędzy i w czasie pisania tej książki nie ma na rynku dostępnego ubezpieczenia od takiej straty. Wszyscy wiedzą, że hakerzy specjalnie polują na konta kryptowalut, dlatego ochrona musi zostać wzmocniona. Zagrożenia wewnętrzne to kolejny zestaw problemów, od wykorzystywania informacji poufnych po inne nadużycia finansowe pracowników.

Kilka regulowanych i większych giełd miało problemy pod wpływem popytu na nowe konta podczas ostatnich eksplozji na rynku. Tym razem ujdzie im to na sucho, ale ile razy opinia publiczna lub osoby u władzy pozostaną tak wyrozumiałe?

2. Jesienią 2017 roku uruchomiono kontrakty terminowe na Bitcoina i ciekawie będzie zobaczyć, jak się to dalej potoczy. Opinia publiczna domaga się bardziej regulowanego rynku i byłoby to dobre rozwiązanie, ponieważ obrót na giełdzie kontraktów terminowych polega na regulacjach. Jest to również pierwszy raz, kiedy inwestujący w Bitcoina mogą zabezpieczyć swoją pozycję na rynku regulowanym. Mogą teraz też zająć drugą stronę na rynku, poprzez shortowanie.

3. Więcej kryptowalut, które eliminują zapotrzebowanie na górników. Obecnie większość wydobywania bitcoinów jest wykonywana przez niewielką grupę firm. Sytuacja nie jest zdrowa na rynku, ponieważ Ci potentaci mogą wykorzystać ten wpływ w niepożądany sposób.

4. Poprawa szybkości transakcji wydaje się przyciągać uwagę wielu influencerów z branży. Nawet dla fanów Bitcoina problemem może być stosunkowo wolne tempo rutynowej transakcji. Jest kilka kryptowalut, które zajmują się tymi wyzwaniami i nie mogę się doczekać, aby zobaczyć, jak rozwiną się ich historie.

Bitcoin i kryptowaluty już dawno mają za sobą czasy, kiedy kojarzone były głównie z przestępcami. Teraz istnieje szersza i bardziej pozytywna świadomość społeczna. Transakcje na kontraktach terminowych na Bitcoina są nawet rozliczane przez czołowe firmy z Wall Street, coś, z czego jeszcze niedawno wszyscy by się śmiali. Aby postęp był kontynuowany, musi być mniej szumu medialnego, więcej odpowiednich przepisów i większego bezpieczeństwa oraz przejrzystości giełd. Wierzę, że te rzeczy zapewnią, iż kryptowaluty, jako klasa aktywów, wyjdą poza fazę wczesnych naśladowców i użytkowników.

Wniosek

Dziękuję za przeczytanie całego *Najlepszego Przewodnika Do Opanowania Bitcoina i Kryptowalut*. Mam nadzieję, że sporo z niego wyniosłeś i znasz już wszystkie niezbędne narzędzia do osiągania celów w handlu kryptowalutami oraz przede wszystkim zarabiania pieniędzy. Następnym krokiem jest sprawdzenie swoich umiejętności w handlu i zbudowanie swojego kapitału podwyższonego ryzyka. Da Ci to motywację, której potrzebujesz, aby odnieść sukces. Mam kilka innych książek na temat różnych aspektów tradingu i klas aktywów. Sprawdź je!

PROFIL AUTORA

Wayne **Walker** jest założycielem GCMS, wiodącej firmy zajmującej się edukacją i doradztwem w zakresie rynków kapitałowych (gcmsonline.info). Jest autorytetem w zakresie tradingu i edukacji dotyczącej kryptowalut. Oprócz uruchomienia pierwszego kursu szkoleniowego z zakresu kryptowalut w Europie Północnej, jest również autorem wielu publikacji oraz dziennikarzem często goszczącym w serwisie Cryptcoin.news, jednym z wiodących głosów w branży. Osoby poważnie podchodzące do tradingu i inwestowania powinny skontaktować się z GCMS.

Niezbędne Słownictwo Dotyczące Bitcoina

Blockchain: To **publiczny** rejestr/księga rachunkowa transakcji Bitcoin w porządku chronologicznym. Blockchain jest wspólny dla wszystkich użytkowników Bitcoina. Służy do weryfikacji trwałości transakcji Bitcoin i zapobiegania podwójnemu wydatkowaniu.

Blok: To zapis w łańcuchu bloków, który zawiera i potwierdza oczekujące transakcje. Mniej więcej co 10 minut, w wyniku wydobycia, do łańcucha bloków dodawany jest nowy blok zawierający transakcje.

Blok Genesis: Jest to pierwszy utworzony blok i początek łańcucha bloków.

Hash Rate: Jest jednostką miary mocy obliczeniowej sieci Bitcoin. Sieć Bitcoin musi wykonywać intensywne operacje matematyczne ze względów bezpieczeństwa. Gdy sieć osiągnie hash rate 10 Th/s, oznacza to, że była w stanie wykonać 10 bilionów obliczeń na sekundę.

Kopanie: To proces polegający na tym, że sprzęt komputerowy wykonuje obliczenia matematyczne dla sieci Bitcoin w celu potwierdzenia transakcji i zwiększenia bezpieczeństwa. W nagrodę za swoje usługi górnicy Bitcoina mogą pobierać opłaty transakcyjne za transakcje, które potwierdzają, wraz z nowo utworzonymi bitcoinami.

Wydobycie jest wyspecjalizowane i mocno konkurencyjne, a nagrody są podzielone w zależności od ilości wykonanych obliczeń.

Potwierdzenie: Potwierdzenie oznacza, że transakcja została przetworzona przez sieć i jest mało prawdopodobne, że zostanie ona cofnięta. Transakcje otrzymują potwierdzenie, gdy zostaną zawarte w bloku i tak dla każdego kolejnego bloku. Nawet pojedyncze potwierdzenie można uznać za bezpieczne w przypadku transakcji o niskiej wartości, chociaż w przypadku większych kwot, takich jak $1000, warto poczekać na kilka kolejnych potwierdzeń.

Podwójne Wydatki: Jeśli jakiś nieuczciwy użytkownik próbuje wydać swoje bitcoiny dwóm różnym odbiorcom w tym samym czasie, oznacza to podwójny wydatek. Wydobywający Bitcoina oraz blockchain mają na celu stworzenie w sieci konsensusu co do tego, która z dwóch transakcji zostanie potwierdzona i uznana za ważną.

Klucz Prywatny: To tajny fragment danych, który potwierdza Twoje prawo do wydawania bitcoinów z określonego portfela za pomocą podpisu kryptograficznego. Twoje klucze prywatne są przechowywane na Twoim komputerze, jeśli korzystasz z portfela programowego. Są też przechowywane na niektórych zdalnych serwerach, jeśli używasz portfela internetowego. Nigdy nie wolno ujawniać kluczy prywatnych, ponieważ pozwalają one na wydawanie bitcoinów na cudzy portfel Bitcoin.

Podpis: Podpis kryptograficzny to mechanizm matematyczny, który pozwala komuś udowodnić swoją własność. W przypadku Bitcoina portfel Bitcoin i jego klucze prywatne są połączone matematyczną magią. Kiedy oprogramowanie Bitcoin podpisze transakcję za pomocą odpowiedniego klucza prywatnego, cała sieć może zobaczyć, że podpis pasuje do wydawanych bitcoinów, jednak świat nie ma sposobu, aby odgadnąć Twój klucz prywatny, tym samym nie jest w stanie ukraść Twoich bitcoinów.

Portfel: Portfel Bitcoin jest luźnym odpowiednikiem fizycznego portfela w sieci Bitcoin. Portfel zawiera Twoje klucze prywatne, które pozwalają Ci wydawać bitcoiny przydzielone do niego w łańcuchu bloków. Każdy portfel Bitcoin może pokazać całkowite saldo wszystkich bitcoinów, które kontroluje i pozwala zapłacić określoną kwotę określonej osobie.

Przechowywanie w Chłodni: Jest to proces przenoszenia Twoich bitcoinów do portfela offline. Zaletą tego jest to, że nikt nie może włamać się do Twojego komputera i ukraść Twoich kluczy prywatnych, jeśli Twój komputer nie jest podłączony do sieci. Bitcoiny będą musiały zostać wyniesione z chłodni, aby mogły zostać ponownie wydane lub przesłane.

Adres: Adres Bitcoin to unikalny ciąg 27–34 znaków alfanumerycznych. Adres można utworzyć dowolnie za pomocą portfela i zawsze zaczyna się on od 1 lub 3.

Kryptowaluty Alternatywne: Wiele różnych alternatywnych kryptowalut, które powstały w oparciu o pomysł i/lub podstawowy kod Bitcoin. Kilka z bardziej znanych to Litecoin, IOTA i Ripple.

Rozwidlanie: "Rozwidlanie" to zmiana w oprogramowaniu waluty cyfrowej, która tworzy dwie oddzielne wersje łańcucha bloków ze wspólną historią. Rozwidlenia mogą być tymczasowe lub mogą być trwałym podziałem w sieci, tworząc dwie oddzielne wersje łańcucha bloków. Kiedy tak się dzieje, tworzone są również dwie różne waluty cyfrowe.

DDOS: Skrót od "Distributed Denial of Service". Atak DDoS to atak, którego celem jest przeciążenie sieci i uniemożliwienie działania giełdy. Jeśli zostanie przeprowadzony w trakcie niestabilnych ruchów, może być katastrofalny, ponieważ inwestorzy nie będą w stanie wykonać żadnego zlecenia ręcznie i będą w całości zdani na swoje wcześniej ustawione zlecenia.

*Infografika z rozdziału 2 została stworzona przez CB Insights.